# PETITS ET GRANDS VERRES

# PETITS & GRANDS
# VERRES

*CHOIX
DES MEILLEURS COCKTAILS*

RECUEILLIS PAR

NINA TOYE & A. H. ADAIR

ET MIS EN FRANÇAIS PAR

PH. LE HUBY

*LES GRAVURES SONT DE J.-E. LABOUREUR*

AU SANS PAREIL, 37, AV. KLÉBER, PARIS

# INTRODUCTION

*L'étymologie du mot «cocktail» paraît entourée de mystère, et, bien que nous possédions plusieurs récits touchant les origines de cet apéritif subtil et raffiné, ces récits présentent entre eux de telles contradictions qu'il semble superflu de s'y arrêter. Il est intéressant toutefois de noter que dès les environs de 1869 l'habitude du cocktail s'était répandue en Amérique et qu'on y publiait à cette date un «Manuel» de boissons composées qui se trouverait peut-être encore dans les réserves des librairies. Un curieux passage y mentionne que récemment la glace artificielle a remplacé le produit naturel, dans une certaine mesure, et notamment dans les États du Sud.*

*Pour ce qui est de la France, il semble bien que le cocktail fasse son apparition avec les premiers bars anglo-américains peu après l'Exposition de 1889. La chronique y fait allusion et les histoires que publient les journaux ne l'ignorent point. Alphonse Allais ne tarde pas à farcir ses contes de noms de breuvages qui ont alors toute la saveur de la nouveauté: sherry cobbler, mint julep, pick-me-up, prairie oyster, etc... et le bar américain (ou pseudo-américain) forme la toile de fond.*

*Ces bars peuvent être ceux du quartier des Champs-Élysées où fréquentent les cochers anglais, les amateurs de chevaux, les habitués des courses. On y boit le stout, le pale-ale, le whisky, de préférence aux cocktails et on n'y parle guère qu'anglais. Les aquarelles de Georges Bottini ont conservé en de plaisantes images le souvenir de ces bars et de leurs habitués. Les autres bars s'étendent vers la gare Saint-Lazare, la Madeleine et les grands boulevards. La clientèle y est plus diverse. Non seulement s'y rencontrent les hommes de sport, mais la littérature, les arts, le théâtre et le cirque ou le simple plaisir y délèguent leurs représentants.*

*Au bar du Grand Hôtel fleurit la poésie avec P.-J. Toulet et ses amis. Foottit et Chocolat viennent se délasser après le cirque dans un autre bar voisin et Foottit terminera d'ailleurs ses jours, tout récemment, sous la veste blanche du barman dans un cabaret qu'il aura créé. Chocolat danse au son du banjo, et un dessin de Toulouse-Lautrec « Chocolat dansant dans un bar » en porte encore le témoignage.*

*Pour Toulouse-Lautrec lui-même, tous les bars étaient bons, mais il avait ses préférences. Le « Calisaya » (dis-*

*paru et remplacé par un cinéma) eut fréquemment sa visite et aussi un bar tranquille et peu voyant qui portait comme enseigne « Euréka ». Le peintre du Moulin-Rouge s'essaya même parfois dans son atelier à la confection de quelques cocktails, mais le plus souvent il nous recevait en nous tendant la bouteille de « scotch » et le simple siphon.*

*Tous ces bars de l'époque 1900 furent des endroits charmants, assez intimes, peu encombrés. Les petites pochettes de soie, formant drapeau, égayaient les étagères où s'alignait la verrerie, et de fraîches branches de céleri fleurissaient de leur verdure les luisants comptoirs d'acajou. La rive gauche elle-même vit s'ouvrir ses premiers bars au moment de l'Exposition de 1900, tels qu'ils demeurent aujourd'hui, ou à peu près. Le cocktail y fleurissait sans doute, et sous des aspects assez variés, mais il demeurait un peu une curiosité et le régal exceptionnel de quelques délicats.*

*<br>* *

*Bien différent était, vers cette même époque, le bar achalandé de l'Amérique humide. Sans doute, les bars populaires, les « saloons » débitaient-ils la bière par*

3

*tonneaux, mais, à peine avec moins d'abondance les whiskys secs (ou straight highballs) de différentes provenances. Les cocktails les plus demandés étaient le Martini et le Manhattan, ce dernier à base de rye whisky. Le prix en était modeste. Quinze cents payaient un verre et on en avait deux pour un «quarter» (le quart d'un dollar) ce qui poussait à la consommation.*

*Beaucoup de bars étalaient alors un «free lunch counter» ou buffet froid garni d'une grande variété de sandwiches à la libre disposition des consommateurs. Les bars de certains grands hôtels firent même de ce buffet gratuit une table luxueuse et d'une grande profusion. Ce fut l'âge d'or, c'est le passé.*

*<br>* *

*On pourrait dire que l'évolution du cocktail (et de ses variétés congénères) se marque peut-être aujourd'hui par une tendance qu'on appellerait assez justement «domestique». Quittant le restaurant et le café, le cocktail se pousse peu à peu dans le fumoir et la salle à manger.*

*Ce n'est point là, à la vérité, chose nouvelle pour les pays tropicaux où nombre de familles ajoutaient aux* recettes de cuisine créole celles des liqueurs et des boissons composées. L'agrément du présent volume, on le trouvera peut-être dans le choix des recettes éprouvées et qui n'ont pas d'autre origine. Les États américains du Sud, les Antilles, les Indes et tous les pays chauds ont apporté chacun quelque contribution. Ces recettes familiales ne nécessitent, on peut le croire, aucun appareil perfectionné ou d'usage difficile. Nous avons dégusté d'excellents cocktails qui n'étaient point frappés dans le double gobelet (shaker) mais simplement brassés dans un grand verre à demi rempli de glace en morceaux. Cette méthode de brassage à la cuiller est de rigueur pour certains mélanges. Dans la plupart des cas, on remplacera avantageusement la cuiller par un bâtonnet à fouetter analogue à ceux qu'on utilise parfois pour le champagne, mais mieux encore par un rameau de bois d'oranger. Si l'arbre est voisin, rien de plus facile que de se le procurer. Choisissez une branche mince, au point où elle donne naissance à plusieurs rameaux (trois ou quatre ou davantage). Donnez à la branche à peu près vingt centimètres de longueur et trois ou quatre centimètres à chaque rameau. Dépouillez branche et rameaux de leur écorce et mettez à sécher. Ce petit appareil, une fois sec, est prêt à servir. Vous le *plongez, la partie fourchue la première naturellement, dans le grand verre qui contiendra la glace et votre mélange. Prenez la tige entre vos mains et roulez-la vivement. Sa double ou triple fourche produira un brassage rapide et une excellente liaison des ingrédients. Laissez sécher soigneusement l'appareil, il s'améliorera à l'usage.*

*Bien entendu, les différents gobelets à frapper (shakers) que fournit le commerce sont des plus utiles. Ils permettent de frapper à fond les boissons qui demandent à être bues glacées.*

*N'employez pas de glace trop finement écrasée, elle se résout trop facilement en eau.*

*Choisissez d'excellents produits. Pour trouver des équivalences, l'expérience seule vous guidera.*

*Il est recommandable de frapper en deux temps, c'est-à-dire de secouer vivement les gobelets, puis de les laisser reposer un instant. Agiter à nouveau plus brièvement et servir.*

*Suivre dans les mélanges l'ordre des ingrédients tel qu'il est indiqué pour chaque recette. Ce détail n'est pas sans importance. En général viennent les bitters, puis les jus de fruits, puis éventuellement les œufs, et, pour finir les liqueurs et les alcools, en commençant* par les plus denses, qui doivent être versés les premiers.

Certains auteurs préconisent de mettre la glace dans le gobelet à frapper avant les divers éléments du mélange. D'autres autorités recommandent la méthode inverse. Hippocrate disait oui, mais Galien disait non.

Nous ne trancherons pas ici la question, et laisserons au lecteur le soin de se faire une opinion personnelle par des expériences bien conduites et répétées. Il contribuera de cette manière au progrès d'un art jeune et plein de promesses, et ces méritoires expériences n'iront pas sans quelque agrément.

# COCKTAILS

# COCKTAILS AU GIN[1]

## LA FLEUR DE L'ORANGER

*Orange Blossom.*

Prendre deux verres de gin et deux de jus d'orange. Ajouter six gouttes de bitter d'orange et une cuiller à thé d'eau de fleurs d'oranger. Le tout dans le gobelet à frapper avec de la glace en morceaux. Agiter fortement et servir.

## LE COCKTAIL DE PAT

*Pat's Special.*

Verser deux verres de gin, deux de xérès et deux de quinquina dans le gobelet à frapper où vous ajouterez deux traits de crème de cassis et deux d'abricotine. Glace en morceaux, naturellement, agiter fortement et servir avec une cerise et un zeste d'orange (recette du Hatchetts' Bar, de Londres).

---

1. Ces quantités conviennent pour six personnes. Pour fixer les idées, le verre à cocktail est de 75 cm³, la cuillerée de 15 cm³ et la cuiller à thé de 5 cm³.

## LE COUP DE FOUDRE
*Coup de foudre.*

Prendre un plein verre d'élixir de chartreuse (non sucré), trois verres de curaçao rouge, un verre et quart de gin. Glace en morceaux. Frapper soigneusement. Servir. Placer sur chaque verre en le pressant un zeste d'orange et y ajouter quelques morceaux de zeste d'orange confit.

## LE DIABLE
*Lucifer.*

Cocktail très monté. Prendre un demi-verre d'élixir de chartreuse (non sucré), deux verres de curaçao blanc ; un demi-verre de triple-sec et deux verres de gin. Glace en morceaux. Frapper et servir dans des verres passés au bitter d'orange.

## LE COCKTAIL AUX PRUNEAUX
*Pruneaux Cocktail.*

Prendre deux verres de gin, deux de xérès, un de sirop de prune et un de jus d'orange passé à la passoire. Glace en morceaux. Agiter longuement.

## LE COCKTAIL A LA PIE
*Madge Cocktail.*

Prendre deux verres de gin, deux verres de quinquina, un verre de jus d'orange. Avant de frapper,
ajouter un trait de jus de citron et du sirop de sucre
*ad libitum.*

## LE WESTBROOK
*Westbrook Cocktail.*

Prendre trois verres et demi de gin, un verre et demi
de vermouth italien et un verre de whisky. Avant de
frapper, ajouter un peu de sucre en poudre.

## LE MARTINI A L'ORANGE
*Orange Martini.*

Prendre deux verres et demi de gin, deux verres de
vermouth français, un verre de vermouth italien.
Mettre à infuser dans ce mélange le zeste bien émincé
(débarrassé soigneusement de toute la moelle blanche)
d'une orange entière. Laisser infuser une heure ou deux.
Puis ajouter la glace et frapper. Passer les verres
au bitter d'orange. Servir.

## LE COUP DE PIED
*Kicker.*

Prendre trois verres de gin, le jus de deux citrons, un verre de vermouth, du sucre en poudre. Frapper et servir.

## LE COUP DE DENT
*Biter.*

Prendre trois verres de gin, un verre et demi de jus de citron avec un peu de sucre, un verre et demi de chartreuse. Avant de frapper, ajouter un trait d'absinthe.

## LA MARMELADE
*Marmalade Cocktail.*

Par sa saveur douce-amère, ce cocktail est tout indiqué comme l'apéritif du déjeuner. Placer dans le gobelet à frapper le mélange suivant : deux cuillerées de confiture d'orange (marmalade), le jus d'un gros ou de deux petits citrons et quatre verres de gin. Frapper soigneusement et placer, en le pressant, sur chaque verre un morceau de zeste d'orange.

## LE MARTINI

*Martini Cocktail.*

Remplir le gobelet à moitié de glace, puis, verser deux verres de vermouth italien et quatre verres de gin. Ajouter quelques traits de bitter à l'orange. Frapper soigneusement avec un zeste de citron ou une olive.

## LE MARTINI SPÉCIAL

*Special Martini.*

Prendre quatre verres de gin, un verre et demi de vermouth italien et un tiers de verre d'eau de fleurs d'oranger. Avant de frapper, ajouter un trait d'absinthe ainsi qu'un ou deux traits de bitter angostura.

## LE ROUGE BLANC

*White heat.*

Dans le gobelet à frapper, verser six verres de gin en même temps qu'un trait d'absinthe et un trait de bitter orange. Ce cocktail doit être frappé très soigneusement et demande à être bu sur-le-champ.

## LE PRINTEMPS
*Spring.*

Prendre trois verres de gin, un verre de quinquina et un verre de bénédictine. Avant de frapper, ajouter un trait de bitter et servir avec une olive.

## LA BOUFFÉE
*Gasper.*

Prendre trois verres de gin et trois verres d'absinthe. (Ajouter si l'on veut un peu de sucre sans plus). Frapper très soigneusement.

## LE CLAIR DE LUNE
*Moonshine.*

Prendre trois verres de gin, deux verres de vermouth français et un verre de marasquin. Avant de frapper, ajouter une goutte de bitter d'absinthe.

## LA MARGUERITE JAUNE
*Yellow Daisy.*

Prendre trois verres de gin, deux verres de vermouth et un verre de grand Marnier. Avant de frapper, ajouter un trait d'absinthe.

### L'OPALE
*Opale.*

Prendre trois verres de gin, deux verres de jus d'orange avec un peu de sucre et un verre de triple-sec. Ajouter un peu d'eau de fleurs d'oranger. Frapper et servir.

### LE PARADIS
*Paradise Cocktail.*

Verser deux verres de jus d'orange, deux verres de gin, et deux verres de liqueur d'abricot (apricot brandy). Mettre largement de la glace et frapper soigneusement.

### L'IMPASSIBLE
*M'en fous Cocktail.*

Cocktail de l'espèce douce. Prendre un verre et demi de jus de pamplemousse (grapefruit), y ajouter une cuillère à thé de jus de citron, un peu moins de deux verres de gin, deux verres de vermouth français, trois quarts de verre de crème d'orange des Iles. Frapper. Passer les verres au bitter d'orange avant de servir le cocktail.

## LE DIABLE VERT

*Green Devil.*

Ce cocktail, très sec est assez monté ; il fera naître une aimable animation, et cette animation une fois dissipée, contrairement à l'effet de beaucoup d'autres cocktails, n'entraînera à sa suite aucun sentiment de dépression. Il est possible de le préparer à l'avance et de le garder en bouteille jusqu'à usage. Prendre quatre verres de gin, trois quarts de verre de vermouth français, un quart de verre de vermouth italien et un demi-verre d'élixir de chartreuse (élixir non sucré). Glace pilée. Frapper soigneusement. Doit être servi assez froid pour que la buée glace les verres.

## LE COCKTAIL DU 27 AVRIL

*27$^{th}$ of april Cocktail.*

Prendre un verre et demi de gin, deux pleins verres de vermouth français, trois quarts de verre de vermouth italien, trois quarts de verre de cognac à la fleur d'aubépine, trois cuillerées à thé de sloe gin. Frapper. Passer les verres au bitter d'orange. Servir.

## LE COCKTAIL DE MARTINEZ
*Martinez Cocktail.*

Verser dans le gobelet trois verres de gin et trois de vermouth français. Ajouter une cuillerée de bitter à l'orange et deux de curaçao ou de marasquin. Frapper et servir avec une cerise et un zeste de citron.

## LE COCKTAIL DE LIUGI
*Liugi Cocktail.*

Dans le gobelet rempli à moitié de glace verser trois verres de gin et trois de vermouth français, ajouter le jus de deux mandarines, une grande cuillerée de grenadine et une petite de triple-sec. Frapper et servir.

## L'ŒIL DE CHAT
*Cat's Eye.*

Prendre un demi-verre de limonade fraîche, un demi-verre d'eau naturelle, deux verres de gin, une cuillerée de kirsch, un demi-verre de triple-sec, deux verres (à peine) de vermouth français. Bonne mesure de glace et frapper soigneusement. Servir avec une olive dans les verres.

## LE COCKTAIL DU BRONX
*Bronx Cocktail.*

Dans le gobelet à frapper, verser un verre et demi de jus d'orange ou de mandarine, et la même quantité de gin, de vermouth français et de vermouth italien. Filet de bitter à l'orange à volonté. Frapper et servir.

## LE COCKTAIL A L'ABRICOT
*Apricot Cocktail.*

### DOUX

Délayer une cuillerée à thé de confiture d'abricot dans un verre de liqueur d'abricot. Ajouter.une cuillerée à thé de bitter de pêche, deux verres de gin (à peine), deux verres et demi de vermouth français. Mettre à refroidir sur la glace le gobelet à frapper rempli de ce mélange, puis, lorsqu'il est bien froid, y verser deux à trois verres de glace pilée et frapper soigneusement.

### SEC

Couper deux abricots, en écraser les noyaux et laisser infuser le tout pendant deux heures dans un verre et demi de cognac. Y ajouter deux cuillerées à thé de bitter de pêche, deux verres de gin et deux verres de vermouth français. Frapper. Servir.

# LE COCKTAIL A LA FRAMBOISE

*Raspberry Cocktail.*

Ce cocktail est un cocktail d'été des plus rafraîchissants. Écraser légèrement une tasse de framboises fraîches et ajouter deux verres de gin. Laisser infuser environ deux heures. Passer. Compléter le mélange par un verre à liqueur de kirsch et deux verres d'un vin blanc pas trop sec (moselle, graves ou chablis). Glacer. Frapper. Placer une framboise dans chaque verre.

# LE COCKTAIL AUX AMANDES

*Almond Cocktail.*

Faire chauffer *modérément* deux verres de gin. Y verser une cuillère à thé de sucre en poudre. En laissant refroidir, faire infuser six amandes émondées et (autant que faire se pourra) le noyau écrasé d'une pêche. Quand le mélange sera froid, ajouter une cuillerée de kirsch, une de liqueur de pêche (peach brandy), un verre de vermouth français et deux verres d'un vin blanc un peu doux. Bonne mesure de glace et frapper soigneusement.

## LE COCKTAIL A LA VIERGE
*Sang de Vierge.*

Cocktail d'été aimable et rafraîchissant. Prendre la valeur d'un verre du jus de petites groseilles rouges et un demi-verre de sirop de groseille. Écraser d'autre part une pleine tasse de framboises bien fraîches sur lesquelles on versera successivement un verre de cognac, deux verres de gin, puis le jus des groseilles et le sirop, et laisser reposer pendant une demi-heure. Ajouter alors un verre de vin blanc, la glace et frapper. Servir en plaçant dans les verres soit une framboise, soit une petite grappe de groseilles.

## LE GIN AU NATUREL
*Plain gin Cocktail.*

Peler le zeste d'un citron aussi mince que faire se pourra. Sur ce zeste, dans le gobelet à frapper, verser successivement : quatre verres et demi de gin, une cuillerée de sirop de sucre, (ou un peu moins si l'on préfère), une cuillerée de bitter d'orange et deux traits de bitter angostura. Ajouter quatre verres de glace pilée. Frapper soigneusement. Servir avec un peu de zeste de citron.

## LA NUIT DE LUNE

*Moonlight.*

Cocktail très sec. Prendre un verre et demi de jus de pamplemousse, deux verres de gin, un demi-verre de kirsch, de mirabelle ou de quetsche, deux verres de vin blanc. Ajouter la glace et frapper soigneusement. Servir en plaçant dans chaque verre un très mince zeste de citron.

## LE COCKTAIL AU PAMPLEMOUSSE

*Grapefruit Cocktail.*

Prendre le jus d'un citron et demi, deux petites cuillerées de gelée de pamplemousse (grapefruit jelly) et quatre verres de gin. Glacer. Frapper.

On peut, dans ce cocktail, remplacer la gelée de pamplemousse par toute autre gelée de fruit d'un goût bien marqué.

#### VARIANTE

Ce cocktail, d'apparence légère, ne va pas parfois sans quelque traîtrise. Prendre trois verres et demi de gin et le jus d'un bon pamplemousse et demi. Sucrer selon le goût. Bonne mesure de glace. Frapper et servir.

## LE COCKTAIL A LA MENTHE

*Mint Cocktail.*

Laisser infuser pendant deux heures quelques rameaux de menthe fraîche dans un verre et demi de vin blanc sec. Ajouter un demi-verre de crème de menthe, deux verres de gin et un verre et demi de ce même vin blanc. Glacer et frapper soigneusement. Servir avec un brin de menthe agréablement piqué dans les verres.

## LE COCKTAIL A L'ORANGE

*Orange Cocktail.*

Prendre un verre et demi de jus d'oranges fraîches, une cuillerée de bitter à l'orange, trois verres de gin, une cuillerée de sirop de sucre (ou une pleine cuillerée à thé de sucre en poudre) et un verre (à peine) de vermouth français. Mettre le gobelet sur la glace pendant une demi-heure et frapper avec seulement quelques gros morceaux de glace qui ne produirait pas trop d'eau. Placer en le pressant sur chaque verre un zeste d'orange et servir.

### LA NYMPHE ÉMUE
*Maiden's blush.*

Excellent cocktail pour le déjeuner. Prendre deux verres de gin, deux verres et demi de jus de pamplemousse, un demi-verre de grenadine, une grande cuillerée de cognac et ajouter un trait de bitter de pêche. Bonne mesure de glace. Servir, si l'on veut, avec une cerise confite.

### LE PIED DE TRÈFLE
*Clover club.*

Prendre un verre de sirop de grenadine, une cuillerée à thé de jus de citron, trois verres et demi de gin, un verre et demi de vermouth français et un blanc d'œuf entier. Mettre abondance de glace et frapper soigneusement. Servir en plaçant sur chaque verre une feuille de trèfle.

### LE SOURIRE DU ROI
*Royal Smile.*

Frapper fortement le mélange suivant : trois verres de calvados, un verre et demi de gin, le jus de trois citrons et une cuillerée de grenadine. Il est recommandé d'ajouter un peu de crème au moment de servir.

## LE COCKTAIL DE JACQUOT
*Jackie Cocktail.*

Verser dans le gobelet deux verres de gin, deux verres d'eau-de-vie de questche et deux verres de liqueur de pêche. Ajouter une cuillerée de bitter d'absinthe. Frapper et servir avec un zeste de citron.

## LE BIJOU
*Bijou Cocktail.*

Dans le gobelet à frapper, mettre deux verres de chartreuse verte, deux verres de vermouth italien et deux verres de gin. Ajouter une demi-cuillerée de bitter à l'orange. Frapper soigneusement et servir avec une cerise en pressant au-dessus des verres un zeste de citron.

## LE ZANZIBAR
*Zanzibar Cocktail.*

Dans le gobelet à frapper, verser le jus d'un citron et demi, deux verres de gin, trois verres de vermouth français et une ou deux cueillerées de sirop de sucre. Suivant le goût, on peut ajouter aussi une cuillerée de bitter à l'orange. Servir avec un zeste de citron.

## LE COCKTAIL BLANC

*White Cocktail.*

Frapper cinq verres de gin, un demi-verre d'anisette
et une demi-cuillerée de bitter à l'orange. Servir avec
une olive et un zeste de citron.

## LE ROYAL

*Royal Cocktail.*

Frapper soigneusement quatre verres de gin et deux
de quinquina, accompagnés d'une demi-cuillerée de
bitter d'orange et de bitter angostura. Servir avec une
cerise et un zeste de citron.

## LE COCKTAIL DE LA REINE

*Queen's Cocktail.*

Mettre dans le gobelet à frapper une tranche d'orange
et une tranche d'ananas, deux verres de gin, deux de
vermouth italien et deux de vermouth français. Frapper
très soigneusement, passer et servir.



4

# LE COCKTAIL DE L'ANCIEN D'ETON
*Old Etonian Cocktail.*

Frapper très soigneusement quatre verres de sauternes et deux verres de gin. Ajouter une cuillerée de crème de noyau et servir avec un zeste de citron.

## LA SPÉCIALITÉ DE DUNHILL
*Dunhill's special.*

Verser dans le gobelet garni de glace en morceaux une cuillerée de curaçao et deux verres de gin, deux verres de xérès et deux verres de vermouth français. Brasser soigneusement le mélange à la cuillère, frapper et servir en passant. Ajouter une olive et deux traits d'absinthe (Recette du Hatchett's Bar).

## LE DEVONIA
*Devonia.*

Verser dans le gobelet à frapper quatre verres de cidre mousseux et deux verres de gin. Ajouter la glace et quelques gouttes de bitter d'orange. Frapper légère-ment. Servir.

## LE RAYON D'ARGENT
*Silver Streak.*

Frapper soigneusement dans le gobelet trois verres de kummel et trois de gin.

## LE COCKTAIL MOLLET
*Mol.*

Prendre deux verres de gin, deux verres de sloe gin et deux verres de vermouth français. Ajouter quelques gouttes de bitter d'orange et du sucre selon le goût. Frapper. Servir.

## ADDITIONS

# COCKTAILS AU WHISKY

### LE PLAISIR DES GRACES
*Graces' Delight.*

Mettre dans un grand verre contenant de la glace en morceaux, deux verres de whisky, deux verres et demi de vermouth français et un demi-verre d'eau-de-vie de framboise. Ajouter le jus d'une moitié d'orange, une cuillerée à thé d'eau de fleurs d'oranger, trois baies de genièvre, un petit morceau de cannelle ainsi qu'un peu de noix muscade. Brasser à fond avec la grande cuillère d'argent et verser le mélange en le filtrant dans le gobelet à frapper d'une contenance d'un litre environ. Agiter le gobelet et le garder une heure dans la glace.

### LE COCKTAIL AU WHISKY
*Whisky Cocktail.*

Très sec. Prendre trois verres de whisky, deux verres de vermouth français et un demi-verre de jus d'orange. Verser dans le gobelet à frapper en y ajoutant un peu de noix muscade. Frapper et servir avec une olive.

## LE FARFADET
*Duppy.*

Dans un grand verre, verser quatre verres et demi de whisky et y faire infuser quelques clous de girofle. Ajouter cinq à six gouttes de bitter à l'orange et achever avec un verre et demi de curaçao bien sec. Mettre le tout dans le gobelet à frapper comme à l'ordinaire. Frapper et servir.

## LE MURMURE
*Whisper.*

Ce cocktail, très simple, est en grande faveur aux Antilles. Prendre deux verres de whisky, deux verres de vermouth français et deux verres de vermouth italien. Verser le mélange dans un gobelet à moitié plein de glace en morceaux. Frapper soigneusement et servir.

## LE COCKTAIL A LA LINSTEAD
*Linstead.*

A trois verres de whisky ajouter trois verres de jus d'ananas sucré. Compléter, avant de frapper, par un trait de bitter d'absinthe. Frapper, servir, et placer en le pressant un zeste de citron sur chaque verre.

## LES IDÉES NOIRES
*Blues.*

Prendre quatre verres de whisky et un de curaçao. Y incorporer une cuillerée à thé de sirop de prune. Verser sur une bonne mesure de glace en morceaux et frapper plus longuement et plus complètement qu'à l'ordinaire. Servir très froid.

## LE WHISKY AU NATUREL
*Plain Whisky Cocktail.*

Verser dans le gobelet à frapper cinq verres de whisky avec une cuillerée de sucre en poudre et quelques gouttes de bitter d'orange. Ajoutez bonne quantité de glace en morceaux, et frapper un peu longuement pour que la glace en fondant fasse la quantité requise.

### VARIANTE

Dans cinq verres de whisky, faites fondre cinq morceaux de sucre (ou moins si l'on préfère). Y ajouter une bonne cuillerée de bitter angostura. Placer dans le gobelet à frapper avec un seul gros morceau de glace et l'y laisser jusqu'à ce que la gelée apparaisse autour du gobelet. A ce moment, frapper et servir.

## ROB-ROY
*Rob-Roy Cocktail.*

Frapper soigneusement trois verres de whisky d'E-
cosse et trois verres de vermouth français, accompagnés
d'une cuillerée de curaçao et d'une demie de bitter
angostura. Servir avec une cerise et un zeste de citron.

## LE VELOURS ÉPINGLÉ
*Velvet.*

Prendre trois verres de whisky et deux verres de vermouth français. Ajouter un verre de crème de parfait
amour, un trait d'absinthe et deux ou trois traits de
bitter d'absinthe. Frapper très soigneusement.

## LE COCKTAIL AU THÉ
*Tea Cocktail.*

Prendre deux verres et demi de thé vert de la Chine,
très fort, mais n'ayant pas infusé plus de quelques
minutes. Ajouter une petite cuillerée de sirop de sucre
(ou une pleine cuillère à thé de sucre en poudre), trois
verres de bon whisky écossais (ou irlandais), et de la
glace en morceaux. Frapper et servir.

## DINAH
*Dinah.*

Mettre tout d'abord deux ou trois rameaux de menthe fraiche dans le gobelet à frapper. Les écraser légèrement contre les parois du gobelet en tournant avec une cuiller d'argent. Verser dans le gobelet trois verres de whisky et laisser infuser pendant quelques minutes. Ajouter trois verres de jus de citron sucré et la glace. Frapper très soigneusement et plus longtemps qu'à l'ordinaire. Servir avec un brin de menthe piqué dans chaque verre.

## LE FOULARD
*Choker.*

Prendre quatre verres de whisky, deux verres d'absinthe et un trait de bitter d'absinthe. Il convient de frapper à fond ce cocktail et de n'y ajouter de sucre sous aucune forme.

## LE MANHATTAN
*Manhattan Cocktail.*

Frapper dans le gobelet trois verres de rye-wisky, un verre et demi de vermouth italien et un verre et demi de vermouth français.

## LE FANTOME D'ÉCOSSE
*Flying Scotchman.*

Prendre deux verres et demi de vermouth italien,
trois verres de whisky écossais, une grande cuillerée de
bitter à l'orange, une petite cuillerée de sirop de sucre
ou de sucre fondu. Ajouter la glace à l'ordinaire. Frapper et servir.

## LE NAVIRE
*Ship.*

Verser dans le gobelet à frapper trois verres de xérès,
un verre de whisky, un verre de rhum et un verre de
sirop de prune. Y ajouter un trait de bitter d'orange et,
si l'on veut, un peu de sucre selon le goût. Frapper.
Servir.

## DIXIE
*Dixie.*

A quatre morceaux de sucre fondu ajouter une petite
cuillerée de bitter angostura, une autre de jus de citron,
quatre verres de whisky, une petite cuillerée de curaçao
et deux autres de crème de menthe. Bonne mesure de
glace et frapper soigneusement.

## ADDITIONS

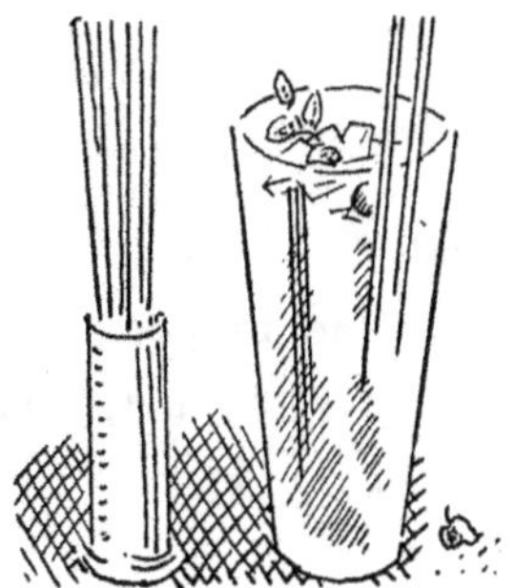

# COCKTAILS AU RHUM

## LE COCKTAIL DE KINGSTON
*Kingston Cocktail.*

La saveur unique de ce cocktail est due au kummel
mélangé à la liqueur de Pimento Dram (liqueur de la
Jamaïque), faute de quoi il perdrait toute sa distinc-
tion. Prendre trois verres de rhum de la Jamaïque,
un verre et demi de kummel et un verre et demi de jus
d'orange. Ajouter dans le gobelet à frapper un trait de
Pimento Dram, et de la glace en morceaux. Frapper
soigneusement et servir mousseux.

## LA VILLE ESPAGNOLE
*Spanish Town.*

Verser dans le gobelet à frapper cinq verres de rhum
ainsi qu'une cuillerée de sirop de sucre. Y ajouter une
très large mesure de glace en morceaux et frapper très
soigneusement. Râper un peu de noix muscade sur
chaque verre et servir.

## L'ÉCLIPSE
*Eclipse.*

Prendre quatre verres de rhum, un verre de chartreuse verte et un verre de jus de citron sucré. Frapper. Servir avec une cerise.

## LE COCKTAIL AU RHUM
*Rum Cocktail.*

Verser dans le gobelet à frapper deux verres de rhum de la Jamaïque, un verre de jus de fruit sucré, un demi-verre de triple-sec, un demi-verre de jus de limon (autant que possible employer du jus de limon frais, mais, à défaut, du jus de limon non sucré). Ajouter une pincée de poivre aromatique (ce point est capital), remplir avec de la glace. Frapper et servir.

### VARIANTE

Prendre deux verres et demi de rhum de la Jamaïque, un verre et demi de vermouth français et deux verres et demi de jus d'orange sucré. Ajouter, dans le gobelet à frapper, une pincée de poudre de cannelle. Frapper et servir.

### LE DAIQUIRI
*Daiquiri Cocktail.*

Remplir le gobelet à moitié de glace pilée. Y verser le jus de trois citrons, une cuillerée de grenadine et trois pleins verres de rhum Bacardi. Frapper fortement.

### LA MATINÉE DE SEPTEMBRE
*September Morn.*

Frapper dans le gobelet le blanc de quatre œufs avec le jus de trois citrons, un verre de grenadine et trois verres de rhum.

### LE RAYON DE SOLEIL
*Sunshine.*

Prendre trois verres de sirop de grenadine, un verre et demi de vermouth, un verre et demi de rhum. Frapper soigneusement. (Recette de l'Embassy Club.)

### PAULINE
*Pauline.*

Mélanger trois verres de rhum et trois verres de jus de citron sucré. Y ajouter un trait de bitter à l'absinthe et, avant de frapper, un peu de noix muscade.

## LE CHINOIS

*Chinese Cocktail.*

Frapper soigneusement cinq verres de rhum de la Jamaïque auxquels on aura ajouté une demi-cuillerée de bitter angostura, une cuillerée de marasquin, une de curaçao et une de grenadine. Servir avec une cerise en pressant au-dessus des verres un zeste de citron.

## L'HEURE DU THÉ

*Tea time.*

Verser dans le gobelet à frapper trois verres de rhum et trois verres de thé froid soigneusement passé. Ajouter un trait de jus de citron et du sucre en poudre selon le goût. Frapper légèrement. Servir.

## LE COCKTAIL AU CAFÉ

*Coffee Cocktail.*

Prendre deux verres et demi de rhum Sainte-Croix ou Bacardi et trois verres de café très fort. Mélanger pendant que le café est chaud. Mettre à refroidir dans la glace. Puis, frapper avec de la glace pilée et servir.

## L'AIEULE NOIRE

*Black Mammy.*

Prendre le jus d'un pamplemousse entier et d'un citron. Y ajouter un morceau de zeste d'orange pelée finement, un morceau de zeste de citron, une bonne petite cuillerée de sucre en poudre, deux clous de girofle, trois verres de rhum Sainte-Croix et un verre de cognac. Bonne mesure de glace. Frapper. Servir.

## ADDITIONS

# COCKTAILS AU COGNAC

## LE MORDANT AU COGNAC
*Brandy snap.*

Prendre un verre et demi de cognac, trois verres (à
peine) de xérès sec et un verre et demi de jus d'orange.
Ajouter deux ou trois gouttes de bitter angostura. Remplir le gobelet à frapper avec de la glace en morceaux,
frapper soigneusement et servir sans délai.

## LA SPÉCIALITÉ DU HATCHETT
*Hatchett's special.*

Mettre dans le gobelet à frapper : deux verres de
rye-whisky (whisky de seigle), deux verres de cognac
et deux de quinquina. Ajouter deux traits de crème de
parfait amour et deux traits d'absinthe. Remplir avec
de la glace en morceaux et frapper soigneusement.
Servir ce cocktail avec une cerise. (Recette du Hatchett's Bar).

## LES CHAMPS-ÉLYSÉES
*Champs Elysees.*

Verser dans le gobelet à frapper trois verres de cognac, un verre de chartreuse et un verre et demi de jus de citron sucré. Ajouter dans le gobelet un trait de bitter angostura. Frapper et servir.

## LE CORSAIRE
*Monraker Cocktail.*

Verser dans le gobelet à frapper deux verres de cognac, deux verres de quinquina et deux verres de liqueur de pêche. Ajouter trois traits d'absinthe, frapper soigneusement et servir.

## LA FLEUR DE CERISIER
*Cherry Blossom.*

Dans le gobelet à moitié rempli de glace en morceaux, mettre une grande cuillerée de curaçao sec, une grande cuillerée de jus de citron, une grande cuillerée de grenadine, deux verres et demi de cherry-brandy et trois de cognac. Frapper à fond et servir très froid.

## LE CHO-CHO
*Cho-Cho.*

Verser ensemble trois verres de cognac et deux verres de vermouth français. Ajouter un verre de curaçao et un large trait d'absinthe. Frapper. Servir.

## LA LOIRE
*Loire Cocktail.*

Prendre trois verres de cognac, un verre de curaçao sec et un verre de marasquin. Si le cocktail semble trop sec, on peut remplacer un des verres de cognac par un verre de jus d'orange. Frapper. Servir.

## LE DOCKER
*Docker.*

Prendre quatre verres de cognac, un verre de triple-sec et un verre de quinquina. Juste avant de frapper, ajouter quelques gouttes de bitter à l'orange.

## LE SIDECAR
*Sidecar Cocktail.*

Verser dans le gobelet à frapper deux verres de triple-sec, deux verres de cognac et deux verres de jus de citron. Frapper soigneusement et servir.

## LA BAYANA

*Bayana.*

Verser dans le gobelet à frapper quatre verres de cognac et deux verres de jus de citron sucré. Ajouter quelques gouttes de bitter à l'orange et deux traits d'absinthe. Frapper à fond. Servir.

## LE COCKTAIL DE LAW

*Law's Cocktail.*

Frapper soigneusement dans le gobelet trois jaunes d'œuf avec un verre et demi de cognac et trois verres de porto. Sucrer légèrement et servir en râpant un peu de muscade au-dessus de chaque verre.

## LE DIABOLO

*Diabolo Cocktail.*

Verser dans le gobelet trois verres de cognac et trois de vermouth français. Ajouter une cuillerée d'angostura et deux de bitter à l'orange. Frapper et servir avec un zeste de citron et une olive ou une cerise au choix.

L

## LE COCKTAIL DE L'ENFER

*Hell Cocktail.*

Frapper ensemble trois verres de cognac et trois verres de crème de menthe verte. Servir avec une pincée de poivre rouge dans chaque verre.

## LE FANTAISISTE

*Fancy Cocktail.*

Dans le gobelet à frapper verser cinq verres de cognac, une cuillerée de curaçao et une demi-cuillerée de bitter angostura. Frapper soigneusement et servir en ajoutant un peu de champagne et un zeste de citron, après avoir passé le bord des verres au sirop de citron.

## LE JAPONAIS

*Japanese Cocktail.*

Frapper très soigneusement cinq verres de cognac accompagnés d'une cuillerée de bitter angostura, de crème de noyau, de sirop d'orgeat et de curaçao. Servir avec une cerise et un zeste de citron.

## LA GROSSE MARMITE

*Depth Bomb Cocktail.*

Frapper soigneusement deux verres et demi de cognac et autant de calvados, auxquels on aura ajouté deux cuillerées de grenadine et quatre de jus de citron.

## CELUI DE NICK

*Nick's Own.*

Frapper très soigneusement trois verres de cognac et trois verres de vermouth italien accompagnés d'une demi-cuillerée de bitter angostura et d'une demi-cuillerée d'absinthe.

## LE COCKTAIL DU COURONNEMENT

*Coronation Cocktail.*

Frapper soigneusement cinq verres de cognac, auxquels on ajoute une demi-cuillerée de crème de menthe, une demi-cuillerée de bitter de pêche et une cuillerée de curaçao. Servir avec un zeste de citron.

## ADDITIONS

# COCKTAILS VARIÉS

## LE COCKTAIL AU KIRSCH
*Kirsch Cocktail.*

Prendre trois verres de kirsch et trois de jus d'orange.
Ajouter quelques gouttes de bitter angostura et un clou
de girofle. Frapper et servir.

## NIELKA
*Nielka.*

Verser dans le gobelet à frapper trois verres de vodka,
deux verres de jus d'orange et un verre de vermouth
français. Frapper et servir. Ce mélange donne un cocktail très sec, mais on peut y ajouter un peu de sucre si
l'on préfère l'adoucir.

## LE TONNERRE DE DIEU
*Clap of thunder.*

Frapper très énergiquement deux verres de whisky,
deux verres de gin et deux verres de cognac, et servir.

## LA ROSE NORMANDE

*Jack rose.*

Verser dans le gobelet à frapper deux verres de jus de citron ou bien encore un verre et demi de jus de pamplemousse mêlé à un demi-verre de jus de citron, un demi-verre de sirop de grenadine et trois verres de calvados. Bonne mesure de glace et frapper soigneusement.

## LA PERLE ROSE

*Pink pearl.*

Prendre un verre et demi de jus de pamplemousse, une cuillerée de jus de citron, un demi-verre de sirop de grenadine, deux verres de calvados et le blanc entier d'un œuf. Bonne mesure de glace pilée et frapper soigneusement.

## LE COCKTAIL AUX POMMES

*Apple cocktail.*

Prendre deux verres de cidre doux, un verre de gin, un verre de cognac et deux verres de calvados. Frapper et servir.

## LE XÉRÈS AU NATUREL
*Plain Sherry Cocktail.*

Verser dans le gobelet à frapper six verres de xérès avec un large trait de bitter d'absinthe et quelques gouttes de marasquin. Frapper à fond. Servir.

## ELECTRA
*Electra.*

Prendre cinq verres de xérès et un verre de vermouth français. Y ajouter un large trait d'absinthe et un trait de bitter d'absinthe. Frapper. Servir.

## LE COCKTAIL A LA PÊCHE
*Peach Cocktail.*

Couper en tranches une pêche bien mûre et la laisser infuser deux heures dans un verre de cognac. Puis placer le tout dans un broc ou dans un grand verre avec un verre de liqueur de pêche (peach brandy) et une petite cuillerée de bitter de pêche. Y ajouter alors quatre verres d'un vin blanc sec ou de champagne. Mettre le tout dans la glace, mais n'en point ajouter au mélange qui, bien refroidi, sera soigneusement brassé avec la baguette à mousser. Servir en passant.

## LA CARESSE INTÉRIEURE
*Bosom Caresser.*

Remplir le gobelet à frapper avec un verre de madère, un verre de cognac, un verre de curaçao et un verre de grenadine. Ajouter trois jaunes d'œuf. Frapper fortement et servir.

## MARIE-MAGDELEINE
*Marie-Magdeleine Cocktail.*

Dans le gobelet à frapper verser trois verres de kirsch et trois verres de cherry-brandy. Ajouter une cuillerée de marasquin et de bitter à l'orange. Frapper très énergiquement et servir avec une cerise.

## PING-PONG
*Ping-Pong Cocktail.*

Frapper soigneusement trois verres de sloe gin et trois verres de vermouth italien accompagnés d'une demi-cuillerée de bitter angostura et d'une cuillerée de sirop de sucre ou de curaçao. Servir avec une cerise et un zeste de citron.

## LE COCKTAIL AU CHAMPAGNE
*Champagne Cocktail.*

Verser dans un broc six verres de champagne glacé, quelques gouttes d'essence d'orange et un trait de bitter d'orange. Sucrer selon le goût. Brasser dans un grand verre avec la baguette à mousser.

#### VARIANTE

Prendre un bon zeste de citron pelé très fin. Verser dessus dans le gobelet à frapper un verre de fine champagne, trois traits de bitter angostura et cinq verres de champagne glacé. Brasser à la cuillère et servir.

## LE CALVADOS AU NATUREL
*Calvados Cocktail.*

Prendre deux verres de calvados, deux verres de jus d'orange passé, un verre de triple-sec et un de bitter d'orange. Bonne mesure de glace et frapper soigneusement.

#### VARIANTE

Verser dans le gobelet à frapper trois verres de calvados et trois verres de jus de citron sucré. Frapper à fond. Servir.

## NICOLE

*Nicole.*

Prendre deux verres de sloe gin (gin à la prunelle), deux verres de kummel et deux de jus d'orange. Glace en morceaux. Frapper et servir avec une cerise dans les verres.

## LE VERMOUTH AU NATUREL

*Plain vermouth Cocktail.*

Verser dans le gobelet à frapper cinq verres et demi de vermouth français avec une petite cuillerée de bitter à l'absinthe et une autre de marasquin. Frapper à fond et servir avec une cerise.

## LE FLATTEUR

*Soother.*

Prendre deux verres de vermouth français, deux verres de sloe gin et deux verres d'absinthe. Ajouter un trait de bitter d'absinthe et frapper soigneusement.

## LE BAUME

*Balm.*

Verser dans le gobelet à frapper un demi-verre de jus d'orange, un demi-verre de triple-sec et trois verres de xérès. Ajouter un trait de bitter d'orange et deux traits de liqueur de Pimento Dram. Achever de remplir avec de la glace en morceaux, frapper et servir avec une olive.

## LE RAPIDE

*Rapide.*

Prendre trois verres de marasquin et trois verres de vermouth français. Ajouter une goutte de bitter d'absinthe et un trait d'absinthe. Frapper. Servir.

## LE BAMBOU

*Bamboo Cocktail.*

Dans le gobelet, mêler trois verres de vermouth français et trois verres de xérès sec. Ajouter une cuillerée de bitter à l'orange. Frapper et servir avec un zeste de citron pressé.

## LE TRAIN BLEU
*Train bleu.*

Verser dans le gobelet à frapper garni de glace un
verre de cognac et un verre de sirop d'ananas. Frapper
soigneusement, puis ajouter alors trois verres de champagne. Frapper encore un peu et servir sans délai.

## PHILOMÈLE
*Philomel.*

Verser dans le gobelet à frapper deux verres et demi
de xérès, un verre de rhum, un verre et demi de quinquina et un verre et demi de jus d'orange. Donner un
tour de moulin de poivre aromatique. Frapper. Servir.

## LE COCKTAIL DU CLUB
*Club Cocktail.*

Remplir jusqu'à moitié de glace pilée le gobelet à
frapper. Y verser quatre verres de fine champagne,
un demi-verre de marasquin, un demi-verre de sirop
d'ananas, une petite cuillerée de bitter d'orange. Mélanger à la cuillère en brassant bien. Servir dans des
verres garnis de fraises et de zestes de citron tournés.
Arroser d'un peu de champagne.

L

## LE SERPENT A SONNETTES
*Rattlesnake.*

Verser dans le gobelet à frapper quatre verres de rye-whisky. Y ajouter les blancs de deux œufs, un verre de jus de citron sucré, et quelques traits d'absinthe. Frapper à fond et servir en passant à la fine passoire.

## LE XÉRÈS APÉRITIF
*Sherry twist.*

Prendre un verre de cognac, un verre de vermouth français et trois verres de xérès. Y ajouter deux tiers de verre de triple-sec et un tiers de jus de limon. Placer dans le gobelet un petit morceau de cannelle. Frapper. Servir.

### VARIANTE

Prendre le jus d'une orange, deux verres de whisky, deux verres et demi de xérès et un demi-verre de triple-sec. Ajouter deux clous de girofle, presser le jus d'un quartier de citron, et sur le tout donner un tour de moulin de poivre aromatique. Achever de remplir avec de la glace en morceaux. Frapper. Servir.

## LE COCKTAIL A L'ANANAS
*Pine-apple Cocktail.*

Prendre d'abord un verre de jus d'ananas frais. Faire infuser pendant deux heures dans deux verres de vin blanc sec la chair pressée dont le jus aura été extrait. Y ajouter alors ce jus en y pressant en outre un quartier de citron et verser le tout dans le gobelet à frapper avec trois verres de xérès. Mettre le gobelet à frapper dans la glace, mais ne pas mettre de glace dans le mélange. Frapper, passer et servir avec un menu morceau d'ananas. Ce cocktail est léger.

## LE COCKTAIL AU QUINQUINA
*Zaza Cocktail.*

Frapper ensemble quatre verres de quinquina, deux verres de xérès sec et une cuillerée de bitter à l'orange. Servir avec une cerise et un zeste de citron.

#### VARIANTE

Frapper ensemble deux verres de quinquina, deux verres de xérès et deux verres de vermouth français. Ajouter une demi-cuillerée de bitter angostura et de bitter à l'orange. Servir avec un zeste de citron.

## LE COCKTAIL ROSE
*Rose Cocktail.*

Verser dans le gobelet à frapper quatre verres de vermouth français, un verre de kirsch et un de sirop de groseille. Frapper et servir avec une cerise.

**VARIANTE**

Verser dans le gobelet à frapper deux verres et demi de gin, un verre et demi de vermouth français et un verre et demi de quinquina. Ajouter le tiers d'un verre de grenadine, frapper soigneusement et servir avec une cerise et un zeste de citron.

## LA PRUNELLE SAUVAGE
*Blackthorne.*

Verser dans le gobelet à frapper deux petites cuillerées de jus de citron, une cuillerée de bitter d'orange et deux traits de bitter angostura. Remplir alors jusqu'à moitié le gobelet avec de la glace pilée et verser sur le tout deux verres et demi de vermouth français et deux verres de sloe gin. Frapper. Servir.

## LE COUCHER DE SOLEIL
*Sunset.*

Mettre dans un grand verre le zeste d'une orange finement pelée ou à défaut, la peau d'une mandarine.
Y ajouter une petite cuillerée de confiture de pêche,
un gros abricot avec son amande écrasée. Verser sur le
tout un plein verre de cognac et une petite cuillerée de
kirsch. Laisser infuser pendant deux heures. Puis trans-
férer le mélange dans le gobelet à frapper et achever
avec un demi-verre de vin blanc, un verre et demi de
gin et un verre de vermouth français. Bonne mesure de
glace. Frapper. Servir.

## LE PERROQUET JAUNE
*Yellow Parrot Cocktail.*

Frapper soigneusement deux verres de chartreuse
jaune, deux verres de liqueur d'abricot et deux verres
d'absinthe. Servir.

## ALBERTINE
*Albertine.*

Prendre deux verres de kirsch, deux verres de triple-
sec, et deux verres de chartreuse. Ajouter juste avant de
frapper quelques gouttes de marasquin. Frapper. Servir.

## LE COCKTAIL AU CURAÇAO
*Curaçao Cocktail.*

Prendre deux verres et demi de jus d'orange, deux verres de curaçao rouge, un demi-verre de cognac et un demi-verre de gin. Glace en morceaux. Frapper et servir dans des verres passés au bitter à l'orange.

## LE COCKTAIL A L'ABSINTHE
*Absinthe Cocktail.*

Remplir jusqu'aux trois quarts de glace pilée le gobelet à frapper. Y verser quatre verres d'absinthe et un verre d'eau versé goutte à goutte. Ajouter une petite cuillerée de sirop de sucre et une autre de bitter angostura. Brasser soigneusement à la cuillère et servir.

## ADDITIONS

# COCKTAILS sans ALCOOL

## LE COCKTAIL A LA FRAISE

*Strawberry Cocktail.*

Passer un demi-kg. de fraises au tamis fin et en verser
le jus dans le gobelet à frapper, ainsi que le jus d'une
orange et un trait de whisky ou de cognac. Ajouter
quelques morceaux de glace. Frapper soigneusement et
servir.

## LE COCKTAIL A LA DOUCE

*Soft Cocktail.*

Ce cocktail est recommandable pour les réunions
d'enfants. Verser dans le gobelet à frapper six verres de
jus d'orange, à quoi vous ajouterez quelques gouttes de
bitter et une pincée de quatre épices. Bonne mesure de
glace. Frapper soigneusement et servir dans des verres
garnis d'une cerise au marasquin.

## LE COCKTAIL AU CITRON
*Lemon Cocktail.*

Verser dans le gobelet à frapper cinq verres de jus de citron sucré avec une petite cuillerée de bitter angostura. Ajouter la glace et frapper à fond.

## ADDITIONS

# LES GRANDS VERRES

# JULEPS

## LE JULEP D'ANANAS
*Pine-apple Julep.*

Prendre un grand broc de verre et le remplir de glace
pilée jusqu'au quart. Y verser le jus de deux oranges, un
verre de sirop de framboise, un verre de marasquin, un
verre et demi de gin et une bouteille de vin de la Moselle
ou de Saumur mousseux. Ajouter les morceaux d'un
ananas dépecé à la fourchette d'argent. Remuer le
mélange et servir avec une garniture de fruits.

## LE JULEP AU CHAMPAGNE
*Champagne Julep.*

Remplir de grands verres jusqu'au tiers avec de la
glace pilée. Y ajouter pour chaque verre une petite
cuillerée de sucre en poudre et deux rameaux de menthe
fraîche. Remplir les verres avec du champagne, relevé
d'un trait de cognac et garni avec des fruits. Servir
avec des chalumeaux.

## LE JULEP AU RHUM
*Rum Julep.*

Faire fondre dans un peu d'eau trois grandes cuillerées de sucre en poudre et y ajouter quelques rameaux de menthe fraîche. Laisser infuser assez pour que la menthe aie parfumé le sirop et le passer alors dans un grand verre gobelet. Ajouter un verre à liqueur de rhum, une ou deux cerises, une tranche de mandarine et tout autre fruit de saison. Achever de remplir le verre avec de la glace en petits morceaux et servir avec des chalumeaux.

## LE JULEP AU COGNAC
*Brandy Julep.*

Remplir les verres ou le broc avec de la glace finement concassée ou pilée. Compter pour chaque personne un verre de cognac. Également pour chaque personne, prendre la moitié d'une petite cuillerée de sucre en poudre sur lequel auront été écrasés quelques rameaux de menthe fraîche. Passer le tout dans les verres ou le broc. Ajouter un trait de rhum pour chaque verre. Garnir les verres avec des fruits et des rameaux de menthe givrés de sucre en poudre. Servir avec des chalumeaux.

# LE JULEP A LA MENTHE
*Mint Julep.*

Prendre pour chaque verre la moitié d'une petite
cuillerée de sucre en poudre et y incorporer en les
broyant quelques têtes de rameaux de menthe fraîche.
D'autre part remplir les verres de glace pilée ou finement broyée. Verser dans chacun d'eux la valeur d'un
verre à bordeaux de rye whisky ou de whisky irlandais.
Garnir les verres tout autour avec de petits brins de
menthe, un zeste de citron et une fraise. Laisser reposer
jusqu'à complet refroidissement. Servir avec des chalumeaux.

### VARIANTE

Faire fondre une grande cuillerée de sucre en poudre
dans deux cuillerées d'eau, y ajouter quelques rameaux
de menthe et laisser infuser jusqu'à incorporation du
parfum. Verser ce sirop en le passant dans un grand
verre gobelet avec un demi-verre de whisky, un trait de
rhum ou bien de gin et remplir avec de la glace pilée.
Garnir le dessus du verre avec quelques cerises, quelques brins de menthe fraîche et tout autre fruit comme
ananas, mandarine, etc. Servir avec des chalumeaux.

# PUNCHS GLACÉS

### LE PUNCH AU WHISKY
*Whisky Punch.*

Verser dans un broc la valeur d'un verre à liqueur de whisky par personne. Y ajouter une orange coupée en rondelles, quelques clous de girofle et quelques gouttes d'eau de fleurs d'oranger. Sucrer selon le goût. Compléter avec de la glace en morceaux et un peu d'eau.

### LE PUNCH AU CHAMPAGNE
*Champagne Punch.*

Prendre un broc ou un bol. Y verser successivement une bouteille de champagne, 120 grammes de sucre en poudre, une orange coupée en rondelles, le jus d'un citron, trois ou quatre tranches d'ananas et enfin une pleine tasse de fraises ou de framboises écrasées. Bonne mesure de glace en morceaux. Servir avec une garniture de fruits.

## LE PUNCH A LA NOIX DE COCO
*Cocoanut Punch.*

Prendre un broc, y râper l'amande fraîche d'une noix de coco. Y ajouter le jus de deux citrons et d'une orange, un peu de sucre et une pincée de quatre épices. Verser sur le tout quatre grands verres d'eau froide et laisser reposer sur la glace pendant une heure. Passer alors le mélange à la passoire dans un autre broc et conserver sur la glace jusqu'au moment de servir.

## LE PUNCH AU COGNAC
*Brandy punch.*

Pour chaque personne verser dans un grand broc un bon verre de cognac et y ajouter une tranche de citron, quelques tranches d'orange et une ou deux cerises. Sucrer selon le goût, bien mélanger et laisser reposer pendant une demi-heure. Remplir alors le broc avec de la glace en petits morceaux et verser sur le tout un verre de kirsch. Ajouter assez d'eau pour parfaire la quantité requise, brasser vigoureusement et verser dans des gobelets à travers la passoire.

## LE PUNCH DU RENDEZ-VOUS DE PÊCHE
*Fish club Punch.*

Verser dans un broc un demi-verre de jus de citron, cent cinquante grammes de sucre en poudre fondu, un verre de cognac, un demi-verre de liqueur de pêche, un demi-verre de rhum et un demi-litre d'eau glacée. Y ajouter un gros morceau de glace. Remuer et servir.

## LE PUNCH A LA DIABLE
*Devil's cup Punch.*

Verser dans un bol un verre à liqueur de chartreuse verte, un de chartreuse jaune ou de bénédictine, et deux verres de cognac. Compléter avec deux bouteilles de champagne glacé. Bonne mesure de glace en morceaux. Remuer et servir.

# COUPES

## LA COUPE AU CHAMPAGNE
*Champagne cup.*

Mettre dans un broc une petite tasse à thé de sucre
en poudre avec quelques tranches d'orange, de citron,
d'ananas et aussi quelques cerises. Y verser un verre à
liqueur de cognac et mettre à la glace pendant une heure
environ. Bien mélanger, puis ajouter une bouteille de
champagne glacé. Remuer à nouveau avec la baguette
à mousser.

#### VARIANTE

Mélanger dans un broc une pleine tasse d'ananas en
petits morceaux, deux oranges et un citron coupés en
rouelles, le quart d'une bouteille de curaçao, un verre
de chartreuse, un verre de liqueur d'abricot, un quart
de litre de cognac et autant de sauternes. Bien mélanger
et laisser reposer pendant douze heures. Au moment
de servir, ajouter bonne mesure de glace en morceaux,
un demi-siphon d'eau de seltz et une bouteille et demie
de champagne. Garnir avec les fruits de la petite espèce.

## LA COUPE DE BORDEAUX AUX CERISES
*Cherries Claret cup.*

Recette autrichienne. Mettre dans un bol 500 grammes de cerises rouges ou noires bien écrasées et verser dessus un quart de litre de rhum. Tenir au frais pendant quelques heures. Y ajouter deux ou trois bouteilles de bordeaux, une orange coupée en rouelles, un zeste de citron et un bouquet de bourrache. Finir avec de la glace en morceaux et de l'eau de seltz.

## LA COUPE DE VIN DU RHIN
*Hock cup.*

Prendre un grand broc. Le remplir jusqu'au quart avec de la glace en tout petits morceaux. Y déposer successivement six petites cuillerées de sucre en poudre, un citron et une orange coupés en rouelles, trois tranches d'ananas et verser sur le tout un verre à liqueur de cognac, un verre de liqueur d'abricot (apricot brandy), un verre à liqueur de curaçao, une bouteille de vin du Rhin et une demi-bouteille de soda. Mélanger et ajouter un filet d'écorce de concombre. Garnir avec des fruits de la petite espèce et quelques morceaux de pamplemousse.

## LA COUPE DE SAUTERNES
*Sauterne cup.*

Prendre un broc ou un grand bol. Y verser successivement un verre à liqueur de chartreuse jaune, un de cognac et un de kirsch, puis deux bouteilles de sauternes. Ajouter le zeste d'un citron entier, une orange coupée en rouelles, des cerises, des grains de raisin, des fraises, des framboises, des petits morceaux d'ananas (ou seulement quelques-uns de ces fruits) et un bouquet de bourrache. Bonne mesure de glace en morceaux. Au moment de servir, compléter avec quelques filets d'écorce de concombre et finir à l'eau de seltz.

## LA COUPE DE CIDRE
*Cider cup.*

Mettre dans un grand broc quelques morceaux de sucre d'orge, une tranche de citron, trois tranches d'orange, un peu de menthe fraîche, un peu d'écorce de concombre et six clous de girofle. Verser sur le tout une demi-bouteille de cidre et tenir sur la glace pendant une heure avant de servir. Puis à ce moment ajouter une demi-bouteille de cidre mousseux et une bouteille de ginger ale que l'on aura également tenues sur la glace.

## LA COUPE DE MARCEL
*Marcel's cup.*

Verser dans un broc une bouteille de vin rosé, sucrer selon le goût, puis un verre de cognac et un autre de bénédictine. Ajouter une tranche d'orange, une tranche de citron, un rameau de menthe et un peu d'écorce de concombre. Tenir le broc sur la glace. Puis verser en passant dans un autre broc, y ajouter un bon morceau de glace, et, au moment de servir, un demi-siphon d'eau de seltz. Cette recette vaut pour six ou huit personnes (selon leur soif).

## LA COUPE DE LA JAMAIQUE
*Jamaïca cup.*

Mettre dans un grand broc une demi-douzaine de bâtons de sucre d'orge ainsi qu'une orange coupée en rouelles, quelques tranches d'ananas, l'écorce d'un concombre et (si possible) une tasse de gousses de piments de la Jamaïque. Verser sur le tout un grand verre et demi de whisky et tenir à couvert sur la glace pendant six heures environ. Filtrer alors ce mélange dans un autre broc et le faire mousser par l'addition de trois bouteilles de ginger ale qui remplacent l'eau de seltz habituelle.

# LA COUPE DE BORDEAUX
*Claret cup.*

Mettre dans un grand broc quelques morceaux de sucre d'orge ainsi que plusieurs tranches d'orange et de citron coupées en rouelles, cinq ou six cerises, un rameau de menthe fraîche et un peu d'écorce de concombre. Verser sur le tout un plein verre de cognac et moitié autant d'une liqueur sucrée (triple-sec, curaçao, etc.) Garder à couvert pendant six heures environ. Y ajouter deux bouteilles de bordeaux et laisser le broc sur la glace jusqu'au moment de servir. A ce moment compléter par l'addition d'un siphon d'eau de seltz. Il est bon toutefois avant de projeter l'eau de seltz, de goûter au mélange pour y ajouter encore un peu de sucre si cela paraît nécessaire.

# LA COUPE DE XÉRÈS
*Sherry cup.*

Mettre dans un grand broc deux ou trois bâtons de sucre d'orge, un peu de menthe fraîche, un peu d'écorce de concombre, une tranche de citron, deux ou trois tranches d'orange et quelques cerises à l'eau-de-vie. Verser sur le tout un bon verre de cognac et laisser infuser à couvert pendant trois heures. Y ajouter alors trois verres d'un xérès très sec et tenir encore au frais pendant une heure, puis retirer la menthe et l'écorce de concombre. Au moment de servir, ajouter, s'il y a lieu, un peu de sucre en poudre et arroser avec assez d'eau de seltz.

## ADDITIONS

# PUNCHS CHAUDS

## LE PUNCH AU RHUM
*Rum punch.*

Recette pour huit à dix personnes. Prendre une demi-bouteille de rhum Sainte-Croix ou de la Jamaïque, un quart de bouteille de cognac, un bon verre de triple-sec, le zeste entier d'un citron et celui d'une orange pelée finement. Verser le tout dans un grand bol et y ajouter une orange ainsi qu'un citron coupés en rouelles. Sucrer selon le goût. Verser sur le tout la valeur d'un litre et demi d'eau bouillante. Bien mélanger. Servir chaud.

## LE PUNCH A L'ANGLAISE
*London Punch.*

Verser dans un bol un grand verre de gin relevé d'une goutte de bitter d'absinthe, ajouter une orange coupée en rouelles et quelques clous de girofle. Sucrer selon le goût. Remplir avec de l'eau bouillante. Remuer et servir chaud.

## LE CANON
*Cannon Punch.*

Verser dans une casserole une bouteille de cidre avec trois oranges piquées de clous de girofle et amener à ébullition. Sucrer selon le goût et laisser bouillir pendant quelques minutes. Ajouter alors un grand verre de whisky et servir très chaud dans un bol à punch.

## LE PUNCH A LA SAINT-JACUT
*Saint-Jacut Punch.*

Prendre une demi-douzaine de pommes cuites sortant du four et les mettre dans un bol à punch avec six grandes cuillerées de sucre en poudre. Verser un peu d'eau bouillante et bien remuer. Ajouter six verres de calvados et finir avec assez d'eau bouillante pour servir en tout douze personnes.

## LE TODDY AU GIN
*Gin toddy.*

Dans un grand verre-gobelet, verser une bonne rasade de gin avec une tranche de citron et un peu de cannelle. Sucrer selon le goût. Finir avec de l'eau très chaude et bien remuer.

## LE PUNCH AU THÉ BOUILLANT
*Hot tea Punch.*

Mélanger une demi-bouteille de cognac, une demi-bouteille de rhum, deux oranges et un citron coupés en rouelles avec un litre et demi environ de thé bouillant fraîchement fait. Sucrer selon le goût. Brûler au tisonnier.

## LE CHÈVREFEUILLE
*Honeysuckle.*

Dans un verre rempli d'eau bouillante, faire fondre deux petites cuillerées de miel. Verser dans un grand verre et y ajouter une tranche de citron et du rhum (plus ou moins selon le goût). Finir avec de l'eau très chaude et remuer soigneusement.

## ADDITIONS

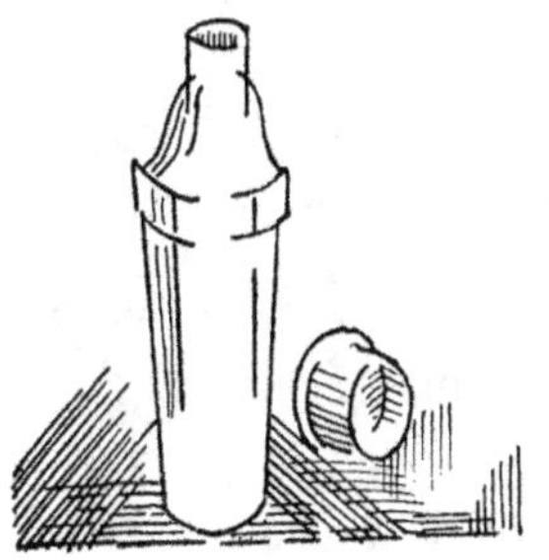

# Limonades et Orangeades

## L'ORANGEADE
*Orangeade.*

Mettre dans un broc un verre de whisky mélangé avec le jus de six oranges et environ un quart de litre d'eau sucrée. Y ajouter, selon le goût, deux verres à liqueur de bénédictine ou de curaçao sec. Tenir le broc sur la glace pendant une heure et, au moment de servir, arroser avec assez d'eau de seltz.

### VARIANTE

Procéder comme ci-dessus en remplaçant le whisky par du rhum et, au lieu de liqueur, ajouter deux ou trois petites cuillerées d'essence d'orange.

## LA LIMONADE
*Lemon Squash.*

Recette pour six personnes : mélanger le jus d'une orange à celui de quatre citrons. Sucrer selon le goût. Ajouter la glace menue ou pilée et un litre et demi d'eau naturelle ou bien d'eau de seltz.

## LA LIMONADE DE GINGEMBRE
*Ginger Pop.*

Prendre 50 grammes de gingembre bien broyé, 50 grammes de crème de tartre et un kilo de sucre en poudre. Mettre le tout dans un pot de grès ou de terre vernissée et verser dessus un peu moins de dix litres d'eau bouillante. Laisser refroidir puis ajouter encore deux grandes cuillerées de poudre de levain et laisser reposer pendant vingt-quatre heures, après quoi écumer et conserver au frais pendant trois jours avant de mettre en bouteilles. Pour la mise en bouteilles, choisir de très bons bouchons et ficeler. (Les proportions indiquées ci-dessus seront suffisantes pour une trentaine de verres.)

## LE SLOE GIN MOUSSEUX
*Sloe gin Fizz.*

Prendre pour chaque personne un verre à bordeaux de sloe gin (gin à la prunelle), le jus de la moitié d'un limon ou d'un petit citron, et du sucre selon le goût. Ajouter la glace en petits morceaux. Bien remuer et finir avec de l'eau de seltz.

## L'EAU DE CITRON
*Lemon Water.*

Prendre trois blancs d'œufs soigneusement battus en neige. Les mettre dans un broc avec le jus de trois citrons, trois grands verres d'eau froide et du sucre en poudre à proportion. Bien remuer le mélange. Puis, verser le tout en le passant dans quatre grands verres à demi remplis de glace en morceaux. Il ne doit plus y avoir la moindre trace des blancs d'œufs. Cette boisson n'est pas seulement délicieuse mais apporte encore un soulagement réel dans les fièvres bénignes.

## LE MOUSSEUX
*Swizzle.*

Verser dans un grand broc une demi-bouteille de rhum Sainte-Croix ou de tout autre rhum un peu lourd. Prendre six limons et en exprimer le jus dans le rhum. Ajouter six morceaux de glace de la grosseur d'un œuf, six petites cuillerées de sucre en poudre, et quelques rameaux de menthe fraîche. Maintenir alors le broc solidement et travailler le mélange à fond avec la baguette à mousser en la roulant entre les paumes. Le mélange écumera et se refroidira jusqu'à former givre à l'extérieur.

Ce résultat s'obtient rapidement dans les climats tropicaux et le raffiné ne manque jamais de fixer sur᾿ ce givre, des petites fleurs ou des pétales de roses qui, se givrant à leur tour charment la vue aussi délicieusement que le fait pour le goût cette exquise boisson. En l'absence de limons frais on obtient un équivalent satisfaisant en mélangeant le jus d'un pamplemousse et d'un citron dans la proportion d'un fruit pour l'autre.

## ADDITIONS

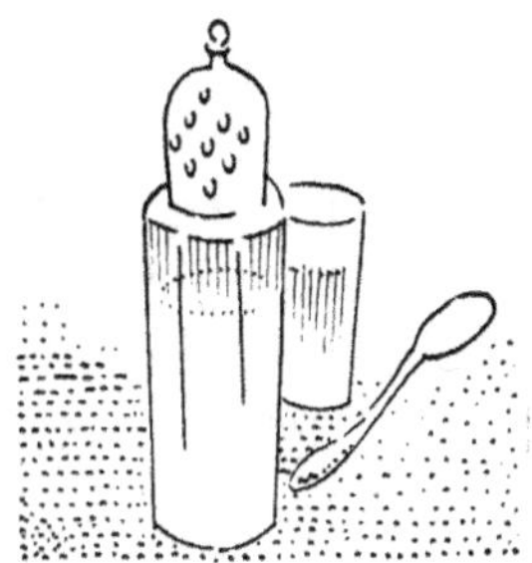

# BOISSONS VARIÉES

## LE COGNAC ACIDULÉ
*Brandy sour.*

Pour chaque personne verser dans le gobelet à frapper les trois quarts d'un grand verre de glace pilée, une petite cuillerée de sucre en poudre, le jus d'un demi-limon ou d'un quartier de gros citron et un verre à bordeaux de cognac. Frapper et verser dans les verres. Garnir avec des fruits. (On peut aussi opérer dans un grand broc en utilisant les baguettes à mousser.)

## LE THÉ FROID
*Cold Tea.*

Préparer du thé à l'ordinaire et avant qu'il n'ait trop infusé le passer dans un broc où il refroidira. Prendre alors pour chaque personne un grand verre gobelet et y verser une petite cuillerée de sirop de prune, une de curaçao et une autre de rhum. Sucrer selon le goût. Finir avec un morceau de glace dans chaque verre et avec le thé.

## LE TRISMEGISTE
*Threesome.*

Verser dans le gobelet à frapper trois verres de gin, un verre et demi de jus d'orange et un verre de bitter d'orange. Sucrer selon le goût. Ajouter de la glace. Frapper et servir dans des grands verres en complétant avec de l'eau de seltz.

## LE VELOURS NOIR
*Black Velvet.*

Accompagne fort bien les huîtres, au souper. Mélanger une demi-bouteille de stout avec une bouteille de champagne frappé.

## LE JOHN COLLINS
*John Collins.*

Mettre dans le gobelet à frapper le jus de trois limons (ou citrons), six bonnes petites cuillerées de sucre en poudre et trois bons verres de gin. Bien remuer. Ajouter de la glace en morceaux. Remuer à nouveau et servir avec de l'eau de seltz.

## LE RIQUET AU GIN
*Gin Rickey.*

Verser dans chaque grand verre un verre à bordeaux de gin et le jus d'un limon ou d'un demi-citron. Remplir presque les verres de glace pilée en ajoutant du sucre selon le goût, un peu de zeste de citron ou de limon. Finir à l'eau de seltz ou à l'eau fraîche.

## LA SPLENDEUR DU MATIN
*Morning glory Fizz.*

Pour chaque personne mettre dans le gobelet à frapper une bonne cuillerée à thé de sucre en poudre, le jus d'un citron, deux traits d'absinthe délayés dans une cuillerée d'eau, un blanc d'œuf et un verre à bordeaux de whisky ou de gin. Bonne mesure de glace. Frapper et verser dans les verres. Finir à l'eau de seltz.

## MAGNOLIA
*Magnolia.*

Frapper dans le gobelet trois jaunes d'œuf, trois verres de cognac, un verre de curaçao et un verre de sirop de gomme. Servir dans de grands verres et compléter avec du champagne glacé.

## LE COUP DES DÉTROITS
*Straits Sling.*

Cette boisson est originaire de Singapoure. Dans le gobelet à frapper, il convient de mettre quatre verres de gin, un verre de bénédictine, un verre de cherry-brandy sec, le jus de deux citrons, une cuillerée de bitter angostura et une cuillerée de bitter à l'orange. Frapper convenablement, et servir dans de grands verres en complétant avec de l'eau de seltz.

## LE DÉJEUNER
*Breakfast.*

Frapper soigneusement dans le gobelet trois œufs, trois verres de cognac et trois verres de curaçao rouge. Servir dans de grands verres en complétant avec du lait très froid et en râpant au-dessus de chaque verre un peu de cannelle.

## LE BONNET DE NUIT
*Night Cap.*

Frapper soigneusement trois jaunes d'œuf avec deux verres d'anisette, deux verres de curaçao et deux verres de cognac.

## LE LION BLANC
*White Lion.*

Mélanger bien le jus de trois citrons, un verre de grenadine, un verre de curaçao rouge et trois verres de rhum. Ajouter un peu de sucre selon le goût. Distribuer dans de grands verres avec de la glace pilée, et orner de cerises.

## LE COBBLER AU XÉRÈS
*Sherry Cobbler.*

Verser dans le gobelet à frapper cinq verres de xérès, un demi de sirop de sucre et un demi de curaçao. Frapper soigneusement et servir dans de grands verres à demi garnis de glace pilée. Décorer avec des fruits de saison et ajouter un filet de porto.

## L'EGG NOGG

Mettre dans le gobelet à moitié rempli de glace trois œufs, trois cuillerées de sirop de sucre, trois verres de cognac, un et demi de rhum et compléter avec du lait froid. Frapper soigneusement et servir avec un peu de noix muscade.



13

## LE RAFRAICHISSEMENT DE TOD
*Tod's Cooler.*

Mélanger dans un broc le jus de deux citrons, quatre verres de gin, un verre (à peine) de cassis, de la glace et de l'eau de seltz. Agiter et servir.

## LE FLIP AU PORTO
*Port Flip.*

Dans le gobelet à moitié rempli de glace mettre trois jaunes d'œuf, trois verres de porto et du sirop de sucre à volonté. Frapper fortement et servir avec de la noix muscade.

Dans le flip au xérès *(sherry flip)*, le porto est remplacé par du xérès; et dans le flip au citron, par du jus de citron.

## L'OUVRE-L'ŒIL
*Eye-Opener.*

Frapper soigneusement trois œufs avec deux verres de cognac, deux verres d'absinthe et deux verres de crème de menthe verte. Ajouter une pincée de poivre rouge et servir.

## LAISSEZ-MOI-FAIRE
*Leave-it-to-me.*

Frapper soigneusement le jus de deux citrons avec quatre verres de gin et un demi-verre (à peine) de sirop de groseille. Servir dans un grand verre en complétant avec de l'eau de seltz.

## L'ÉVÊQUE
*Bishop.*

Mélanger le jus de trois oranges avec cinq cuillerées de jus de citron. Ajouter trois ou quatre cuillerées de sucre en poudre, de l'eau de seltz et un demi-verre de rhum. Frapper soigneusement dans le gobelet et distribuer dans de grands verres en complétant avec du bourgogne rouge, et en garnissant avec des fruits.

## L'HUITRE DE LA PRAIRIE
*Prairie Oyster.*

Mélanger soigneusement deux verres de sauce anglaise (Worcester sauce), deux verres de cognac, un verre de vinaigre et un verre de catsup à la tomate.

Servir en mettant dans chaque verre, sans le briser, un jaune d'œuf, et ajouter un peu de poivre rouge. Il convient de boire immédiatement après un verre de xérès, ou de porto.

# ADDITIONS

# RAFRAICHISSEMENTS
## SANS ALCOOL

### GRANITA DI CAFFE
*Iced Coffee.*

Pour chaque personne prendre une grande tasse de
café très fort. Le laisser refroidir, sucrer selon le goût et
frapper soigneusement avec de la glace menue ou de
la glace pilée. Mettre sur chaque verre une cuillerée de
crème fouettée. Servir avant que la glace ne soit fondue.

### LE THÉ GLACÉ
*Iced Tea.*

Recette pour six à huit personnes : remplir un grand
broc de verre avec de la glace en petits morceaux.
Placer là-dessus un citron coupé en rouelles (sans les
bouts) en même temps que six bonnes cuillerées de
sucre granulé ou en poudre. Verser sur le tout la valeur
d'un litre de thé fraîchement infusé et très chaud.
Pour ce thé employer la valeur d'une pleine cuillerée à
thé de thé de Chine ou de très bon thé de Ceylan. Il ne

devra pas avoir infusé plus de trois minutes. On peut aussi préparer ce thé glacé isolément dans de grands verres. Dans ce cas remplir les verres de glace, poser dessus une tranche de citron un peu épaisse et une cuillerée à entremets de sucre avant d'y verser le thé.

## ADDITIONS

## LE PUNCH AU LAIT
*Milk Punch.*

Pour une bouteille : prendre deux ou trois citrons frais, une pincée de cannelle et de noix muscade en poudre, 150 gr. de sucre, 150 gr. de lait, un demi-verre de cognac, un tiers de litre de rhum et 150 gr. d'eau bouillie. Enlever le zeste des citrons et mettre le jus de côté. Faire infuser les zestes pendant vingt-quatre heures dans un bol contenant la valeur d'un demi-verre de rhum.

Après ces vingt-quatre heures, prendre un bol et y verser les zestes avec le rhum, puis le demi-verre de cognac, puis le reste du rhum, la cannelle, la noix muscade et le sucre. Remuer et brasser jusqu'à ce que le sucre soit fondu. Ajouter à ce moment le lait bouilli qui épaissira le mélange. Verser alors l'eau bouillie et conserver le tout à couvert pendant encore vingt-quatre heures. Mettre en bouteille en filtrant à la flanelle ce liquide qui devra être limpide. (Recette du Secunderabad Club).

## LES PÊCHES AU COGNAC
*Brandy Peaches.*

Prendre de grosses et belles pêches pas trop mûres. Les échauder à l'eau bouillante, couvrir et laisser reposer jusqu'à complet refroidissement. Recommencer la même opération. Retirer les pêches. Les aligner sur une serviette, les recouvrir d'une autre serviette et les y laisser jusqu'à ce qu'elles soient parfaitement sèches. Prendre alors un grand pot de grès ou de verre et les y placer en les recouvrant de cognac. Recouvrir d'un papier bien ficelé et laisser reposer toute une semaine. Faire un sirop en comptant un kilog de sucre et un litre d'eau pour chaque kilog de fruits. Faire bouillir ce sirop. L'écumer, y placer les pêches et les y maintenir à petit bouillon jusqu'à ce qu'elles se ramollissent. Retirer les pêches et les mettre dans des flacons de verre. Laisser refroidir à part le sirop. Quand il sera froid, additionner ce sirop d'une égale quantité du cognac dans lequel auront macéré les pêches. Verser ce mélange sur les fruits et fermer hermétiquement. Cacheter.

Ce qui restera de cognac, ou de sirop mélangé de cognac, pourra être mis soigneusement de côté pour être utilisé dans les cocktails ou dans les coupes.

www.ingramcontent.com/pod-product-compliance
Lightning Source LLC
LaVergne TN
LVHW020703200726
843508LV00002B/854